AF321174

LES ÉMIGRÉS PORTUGAIS

ET

LE RÉDACTEUR

DE

L'AUXILIAIRE BRETON.

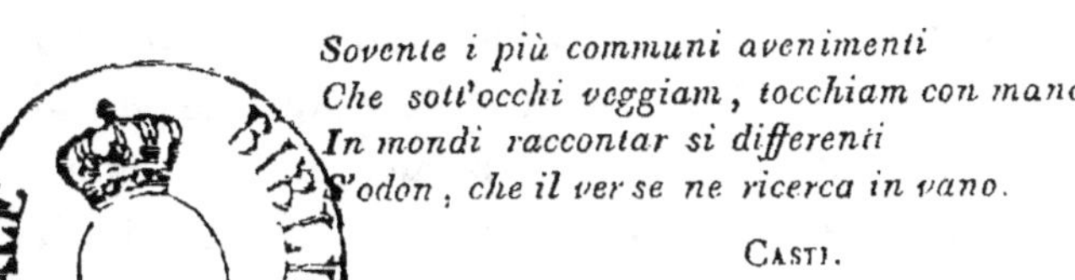

Sovente i più communi avenimenti
Che sott'occhi veggiam, tocchiam con mano
In mondi racconiar si differenti
S'odon, che il ver se ne ricerca in vano.

CASTI.

M. le Rédacteur de *l'Auxiliaire Breton* consacre une colonne de son journal du 5 courant à répondre à une lettre que nous lui avons adressée le 31 juillet, et que nous avons fait imprimer, *sans la soumettre préalablement à sa censure.* Nous n'y avons pas mis un seul mot contre M. le Rédacteur, quoique nous eussions pu faire remarquer l'empressement avec lequel il a accueilli une correspondance injuste envers les Portugais. Néanmoins M. le Rédacteur se prétend *attaqué;* il nous accuse d'avoir manqué aux convenances, et décharge sa bile, non seulement contre nous, mais encore contre *notre pays d'esclaves* (a) ; et, pour donner plus de force à ses argumens, il ne se fait pas faute de nous attribuer des paroles qui ne sont pas les nôtres, et de supprimer, mutiler et torturer celles dont nous nous sommes servis.

M. le Rédacteur débute par nous jeter au nez *l'hospitalité et l'accueil* que nous avons reçus dans ce pays ! Certes, rien n'est moins généreux ! Faudra-t-il qu'on nous rappelle un bienfait que nous recevons tous les jours ? Y a-t-il un seul émigré portugais capable de l'oublier ? En est-il un seul qui ne l'avouât, qui ne le publiât même ? L'hospitalité est dans le caractère français. Polignac lui-même, qui ne pouvait pas aimer les victimes de la liberté, nous fit continuer les subsides accordés avec tant de générosité par le ministère Martignac (b). Mais puisque M. le

---

(a) Il est bon de remarquer la conduite toute opposée que tiennent envers nous la presse libérale de Paris et l'*Auxiliaire Breton*. Tandis que la première est unanime dans son respect pour notre infortune, le second a plus d'une fois saisi l'occasion de nous aliéner l'opinion de la population dont il est censé l'organe.

(b) Si le gouvernement français a été généreux avec nous, le Portugal ne l'a pas été moins envers la France. Au temps de la restauration, tandis que tous les gouvernemens de l'Europe demandaient des indemnités, le Portugal se contenta de la modique somme de trois millions, et ne réclama pas les quarante millions de cruzados (100 millions de fr. environ) que Junot avait levés, ni une somme égale d'argent extorquée aux églises. C'est avec la même générosité que le gouvernement portugais n'exigea point d'indemnité pour la Guinée française, qu'il occupa pendant la guerre, ni ne parla des prises faites par la France sur son commerce. Les Etats-Unis d'Amérique n'agirent pas ainsi envers la France ; c'est avec des droits bien moins réels qu'ils ont poursuivi avec instance et obtenu une indemnité de 25 millions.

(3)

Rédacteur de l'*Auxiliaire Breton* a touché cette corde, nous devons lui dire que la France nous fait ce que nous avons fait nous-mêmes pour elle dans de semblables circonstances. Ses émigrés entrèrent en Portugal, où ils furent accueillis à bras ouverts : non seulement ils reçurent des secours considérables, mais encore ils furent admis aux charges publiques, dans les armées de terre et de mer, dans les établissemens littéraires, dans les couvens, et dans les maisons les plus distinguées. Quelques-uns d'entre eux, en reconnaissance de l'accueil si flatteur qu'ils reçurent chez nous, ont même fixé leur demeure en Portugal. « Mais un protecteur ne devient-il pas le protégé de celui qui daigne accepter ses bienfaits ? *(c)* »

Passons sur la jactance (dit M. le Rédacteur) *avec laquelle il place le Portugal à la tête des nations modernes qui ont su apprécier les institutions libérales....* Quoi ! donne-t-il donc le nom de jactance au noble sentiment qui porte un homme à publier les hauts faits de ses devanciers ? Si l'amour de la patrie nous entraîne à vanter notre pays natal, pouvons-nous être taxés de vanité et d'ostentation ? Ou M. le Rédacteur n'est pas un homme libre, ou il ne connaît pas la force de l'expression dont il s'est servi contre nous. Doute-t-il que la nation portugaise *a peut-être été la première en Europe* [parmi les nations modernes] *qui a su apprécier les institutions*

(c) J. J. Barthélemy , Mémoires.

libérales ? Doute-t-il des exploits de cette nation ? En doute-t-il ? Qu'il lise, nous ne disons pas les auteurs portugais, qu'on peut accuser de partialité, mais les œuvres des *Voltaire,* des *Raynal,* des *La Clède,* des *Guyon,* des *Rabbe* et d'un grand nombre d'autres, et il verra que l'amour de la patrie ne nous a nullement aveuglés.

« Chaque peuple à son tour a brillé sur la terre. »

Tandis que la plus grande partie des nations de l'Europe croupissait ensevelie dans les ténèbres de l'ignorance, le Portugal avait déjà un conseil public où l'on formait les lois, où l'on discutait les grands intérêts de la nation, et où l'on disait enfin : « Nous sommes libres, et le roi est comme nous; nous devons la liberté à notre courage, et si le roi consentait à payer tribut et à se rendre aux assemblées des états de Léon, il serait indigne de vivre, et *ne règne-rait sur nous ni parmi nous.* » Tandis que les parle-mens de France ne servaient qu'à *enregistrer les vo-lontés royales,* les conseillers d'un roi portugais avaient la noble audace de lui dire que, s'il n'abandonnait pas les parties de chasse auxquelles il se livrait à l'excès, *ils choisiraient un autre roi plus exact à remplir ses devoirs.* Ce n'est pas seulement dans l'administration intérieure que les Portugais se sont distingués; leurs exploits ont rempli d'étonnement l'univers entier. Sans nous les hordes mahométanes auraient envahi l'Europe, *et à nos barbares institutions aurait succédé un joug plus pesant encore* (d). Que ne doivent pas les arts, la navigation et le commerce à cette *nation d'esclaves*? *Henrique Garcez* fut le premier qui sut employer le mercure pour purifier l'or; on doit à l'observatoire de *Sagres* l'astrolabe, instrument qui traça le chemin de tant de merveilleuses navigations; ce fut là qu'on sentit toute l'utilité dont la boussole était susceptible... Mais c'est assez de jactance. Passons à un autre point.

M. le Rédacteur nous accuse d'avoir dit qu'*aucune nation n'avait perdu plus de monde que le Portugal pour la cause de la liberté*, et prétend que nous avons *mis la France au-dessous* de notre *pays d'esclaves*. Rien n'est plus faux ! On a perfidement tronqué nos paroles. Quelle est la nation (demandions-nous) qui, TOUTES CHOSES ÉGALES D'AILLEURS, a perdu autant de monde pour la cause de la liberté? En effet, si l'on considère la différence numérique des populations de France et de Portugal, si l'on remarque que la révolution a vu périr un grand nombre d'ennemis de la patrie et de victimes de la liberté, et que sa durée est pour ainsi dire immense, relativement au court espace occupé par la tyrannie de Dom *Miguel ;* si l'on compte enfin le nombre prodigieux de patriotes que ce despote a proscrits, exilés ou fait mourir, notre assertion ne paraîtra plus ni exagérée, ni hasardée.

M. le Rédacteur de l'*Auxiliaire* soutient que *le peuple portugais n'est pas encore mûr pour la liberté...*

(*d*) Raynal, histoire philosophique et politique des deux Indes, t. 1, page 152.

Comment le sait-il ? Quoi ! ce peuple ne doit pas encore être affranchi, lui qui l'était déjà en 1820 et 1826! N'est-ce pas à cette première époque qu'il fit une révolution, qui peut servir de modèle aux révolutions les mieux concertées ? Dom *João VI*, en arrivant à Lisbonne, n'eût rencontré aucune voix pour le proclamer roi absolu. — Au commencement de 1823, une poignée d'ambitieux, dirigée par le comte d'Amarante, essaya de détruire la constitution et de donner au roi les droits qu'il n'avait pas ; mais les constitutionnels remportèrent toujours la victoire. Comment donc la liberté succomba-t-elle en Portugal ? — On en trouve les causes dans la victoire du Trocadéro, dans l'adresse du ministère Villèle à gagner quelques Portugais dégénérés, et enfin dans la faute des *Cortès* et du pouvoir exécutif, qui laissèrent sortir de Lisbonne le chef de la nation qu'ils devaient garder comme ôtage, et qui s'endormirent tandis que le parti contraire gagnait des forces. Cependant le roi promit d'exécuter la loi fondamentale de la monarchie, et de donner une espèce de constitution : tant il connaissait la volonté de la majorité du peuple portugais. Ce simulacre de constitution eût été donné, si les ambassadeurs de quelques nations de l'Europe ne s'y étaient opposés ! — En 1826, la cause de la liberté succomba enfin sous les efforts de la trahison et de l'intrigue. Ce ne fut pas le peuple qui la détruisit ; au contraire, il la défendit vigoureusement. Le comte d'Amarante, gagné par les Apostoliques, parvint à séduire quelques misérables ; mais la liberté triompha encore une fois, et les esclaves conjurés contre elle se virent obligés de chercher un asile en Espagne. Dom *Miguel,* amené à Lisbonne par les intrigues de *Sir W. A' Court,* et par les protocoles de Londres, débuta (appuyé qu'il était par les forces anglaises séjournant alors dans la capitale) par renvoyer et faire emprisonner les gouverneurs des provinces, les commandans des différens corps, et enfin tous les hommes qui pouvaient avoir quelque influence politique; il rappela les rebelles refugiés en Espagne, et arma la canaille de tout le royaume, avec carte blanche pour tuer, voler, emprisonner et dénoncer qui bon lui semblerait! C'est par ces moyens que le tyran réussit à monter sur le trône, mais jamais par la volonté de la majorité du peuple portugais, qui n'attend que la moindre impulsion extérieure pour venger les atrocités sans exemple dont il est le témoin depuis trois ans. Le Portugal doit la plus grande partie de ses maux à l'incurie de ses gouvernans, qui se sont laissés entraîner par les perfides insinuations de nos prétendus alliés. Il lui manque depuis long-temps un marquis de Pombal, qui s'adressait ainsi à un ministre anglais : « *Je prie votre excellence de ne point me faire ressou-* » *venir des condescendances que notre gouvernement a* » *eues pour le vôtre... Il est juste que cet ascendant* » *finisse une fois, et que nous fassions voir à toute* » *l'Europe que nous avons secoué le joug d'une domi-* » *nation étrangère... Vous comptiez pour peu en Eu-* » *rope lorsque nous comptions pour beaucoup... Depuis* » *cinquante ans vous avez tiré du Portugal plus de* » *quinze cents millions... Nous pouvons mieux nous* » *passer de vous que vous ne pouvez vous passer de* » *nous...* » Que l'on rende au Portugal les institutions libérales dont la politique des cabinets l'a dépouillé, qu'on le soustraie à l'influence étrangère, que le timon des affaires soit remis entre les mains d'hommes dévoués à la patrie, et l'on verra si notre *pays d'esclaves* est mûr pour la liberté. — Mais pourquoi ne faites-vous pas une révolution ? (nous demandent quelques Français) Pourquoi ne suivez-vous pas l'exemple que nous vous avons donné aux trois journées de juillet ? Pourquoi ne profitez-vous pas du moment où *la France couvre de ses vaisseaux les eaux du Tage ?* — Nous ne faisons pas la révolution (il faut le répéter), parce que Dom Miguel, appuyé d'une force étrangère, est parvenu à désarmer tous les habitans de Lisbonne qui n'étaient pas de son parti, et à armer, au contraire, un grand nombre de *condottieri,* qui l'accompagnent aujourd'hui. Nous ne faisons pas la révolution, parce que les hommes qui pouvaient la *diriger* ont péri sur l'échafaud, encombrent les prisons, ou languissent dans l'exil. Nous ne faisons pas la révolution, enfin, parce que nous sommes sûrs de l'intervention des gouvernemens despotiques, et que nous n'attendons rien du secours tardif des gouvernemens libéraux (e). — La France, sous le règne

---

(e) Expliquons cette phrase :

S'il y avait maintenant une révolution en Portugal, Ferdinand VII enverrait immédiatement, nous n'en doutons pas, une armée à la défense de Dom Miguel. Quinze ou vingt jours après, le ministère anglais dirait : " Halte-là, nous ne *consentons* pas qu'une armée étrangère mette le pied en Portugal ; veuillez avoir la bonté de vous retirer. " Et l'armée de Ferdinand se retirerait en effet en Espagne ; mais sa mission n'en serait pas moins accomplie, et elle n'en aurait pas moins renversé les pauvres constitutionnels, qui tout bonnement

de Charles **X**, avait de grands moyens pour faire une révolution. Paris nourrissait dans son sein une jeunesse nombreuse et instruite ; il y avait un nombre immense d'ouvriers qui perdirent leur pain le jour où parurent les ordonnances ; la France jouissait depuis long-temps des bienfaits de la presse ; les *Lafayette*, les *Lamarque*, les *Odillon-Barot*, les *Mauguin*, les *Lafitte* n'étaient ni dans les prisons, ni dans l'exil ; la troupe appuya le mouvement insurrectionnel ; beaucoup de soldats de la garde royale ne voulurent pas tirer sur le peuple : tout cela contribua beaucoup à accélérer et à assurer le résultat de la plus héroïque des révolutions. Les hommes sont les mêmes partout. Il n'y a plus d'anneaux de Brunnel ni d'enchantemens de Mélisse. Les Portugais sauraient aussi dépaver les rues et faire des barricades. Qu'un homme se *montre* pour les diriger, et l'on verra s'ils oublient l'exemple de Paris et de Bruxelles. L'apathie dans laquelle nos compatriotes paraissent plongés ne prouve point qu'ils aiment mieux le système absolu que le système libéral. Regardons la France. N'a-t-elle pas souffert quinze années de restauration ? ne s'est-elle pas soumise aux décisions du congrès de Vienne ? n'a-t-elle pas enduré sept ans du ministère Villèle ? n'a-t-elle pas vu passer la loi de l'indemnité ? les échafauds ne se sont-ils pas élevés sous ses yeux

---

auraient ajouté foi au principe de la non intervention. Les gouvernemens libéraux appliquent le remède, mais c'est lorsque le malade ne peut plus le prendre.

Cette considération a encore une fois arrêté l'élan patriotique des constitutionnels portugais.

pour moissonner un grand nombre de patriotes? n'a-t-elle pas supporté la guerre d'Espagne? la garde nationale n'a-t-elle pas été désarmée? Et parce que la France ne s'est pas levée contre ces actes, pourra-t-on dire que la majorité des Français aimait le despotisme et n'était pas mûre pour la liberté?

Mais qui donc depuis deux mois (demande M. le Rédacteur) *empêche les émigrés de voler à Terceire, où tant d'autres ont déjà abordé?...*

Les émigrés portugais ne volent pas à Terceire, parce que l'île ne peut contenir plus d'habitans qu'elle n'en a actuellement. Les officiers qui s'y sont rendus ne l'ont pu faire que sur un ordre exprès de la Régence. Lorsqu'au mois de janvier dernier le bruit se répandit que notre gouvernement avait contracté un emprunt et voulait faire une expédition, les émigrés du dépôt de Rennes demandèrent à être employés contre l'usurpateur. La requête, qu'ils ont envoyée à la Régence à ce sujet, a été imprimée et livrée à la publicité.

Qui empêchait les émigrés portugais (demande encore M. le Rédacteur) *de se joindre à Mina, à Valdez? Si ces infortunés, qui pénétrèrent en Espagne il y a six mois, avaient eu le renfort de ceux qui parlent ici, peut-être eussent-ils réussi dans leur entreprise.*

Qui a dit à M. le Rédacteur que les émigrés portugais n'ont pas voulu joindre Mina et Valdez? Comment a-t-il pu voir que le défaut de notre concours avec ces patriotes a détruit *peut-être* la cause de la liberté en Espagne? Ignore-t-il que le général Saldanha s'est rendu à Londres pour contracter un emprunt afin de conduire aux Pyrénées les réfugiés portugais dispersés en Angleterre, en Belgique et en France? Ignore-t-il que le général Pizarro et ceux qui avaient quelques moyens pécuniaires sont partis immédiatement pour Bayonne? Ignore-t-il que quelques émigrés portugais, appartenant à ce dépôt, ont vendu jusqu'à leurs *chemises*, pour pourvoir aux frais de la route, et que le reste n'attendait que l'échéance d'un mois de paie pour sortir de Rennes dans le même but? Ignore-t-il enfin qu'au milieu de ces préparatifs, ils ont été surpris par la nouvelle désastreuse de la perte de la meilleure des causes? *Avec le renfort de ceux qui parlent ici, peut-être eussent-ils réussi...* Quelle pitié! Faudra-t-il nous rendre responsables de l'échec de Mina et de Valdez? Ne doit-on pas plutôt en chercher les causes dans le désarmement des parties de Lopes Bânos et d'autres patriotes espagnols, dans la persécution excitée contre eux par le sous-préfet de Bayonne, et...? Nous n'avons jamais eu l'intention d'outrager la brave et généreuse nation française. Peu s'en fallut qu'il n'y eût une révolution à Bayonne, lorsque les autorités voulurent s'opposer aux efforts patriotiques du général Mina. Louange, louange éternelle au peuple français!

Connaissez-vous (ajoute M. le Rédacteur) *les intentions de la France?*

Nous ne connaissons pas les intentions du *gouvernement français* à notre égard; nous les croyons bonnes : mais, s'il en est ainsi, les faits leur donnent un démenti formel. L'article 20 du traité conclu entre l'amiral Roussin et un agent de Dom Miguel, est conçu en ces termes :

« Sur les instances de M. le Commandeur, M.
» l'amiral commandant l'escadre française, s'engage à
» faire sortir du Tage la plus grande partie des forces
» navales sous son commandement, aussitôt que l'exé-
» cution des articles précédens sera accomplie, et
» autant que possible avant dix jours, à dater d'au-
» jourd'hui. »

Pour prouver qu'elle ne protégeait pas les libéraux, l'escadre française a fait un mouvement de retraite, en jetant l'ancre devant la tour de Belem, distante d'une lieue de la ville. Cette déférence aux propositions de Dom Miguel exalta souverainement les séides du tyran, et jeta le découragement dans l'esprit des libéraux, qui se virent ainsi *impitoyablement abandonnés à la hache des bourreaux ou aux poignards des réactions.* (*f*) Un Dom Miguel libéral aurait subi depuis long-temps le sort qu'il mérite. Les avances que ce tyran a faites à la France ne demandaient peut-être pas autant de politesse qu'elle en a eue à son égard. Les avanies et les mauvais traitemens qu'ont essuyés les sujets français à Lisbonne, exigeaient d'autres réparations que celles dont l'amiral Roussin s'est contenté. Cependant les patriotes portugais se confient dans les intentions de la France; c'est d'elle qu'ils attendent un secours sincère et efficace.

(*f*) National, 6 août 1831.

Non (dit M. le Rédacteur) *nous ne pouvons croire que cet écrit qui nous a attaqués* (de quel côté vient l'agression, s'il vous plaît ?) *soit approuvé par la majorité des portugais qui résident ici.*

Nous ne savons pas si nos compatriotes approuvent notre doctrine ; mais nous nous en flattons. Tous ceux de notre connaissance partagent notre opinion, et ont été, comme nous, indignés à la lecture de la lettre du correspondant du journal du Finistère. Du reste, nous ne craignons pas les petites vengeances. L'auteur du premier écrit l'est encore de celui-ci. S'il faut qu'il déclare son nom, il le fera. Il vaut mieux demander l'aumône à un peuple libre, que de rester impassible en lisant des paroles outrageantes à sa patrie.

Ce sont les derniers mots que nous adressons à M. le Rédacteur de l'*Auxiliaire Breton*. Nous le prions seulement de donner à l'avenir plus d'attention à la recherche de la vérité. Un écrivain public ne doit s'épargner aucune peine, lorsqu'il s'agit d'éclaircir des faits. Plût à Dieu qu'il eût toujours sous les yeux ces paroles remarquables d'un grand historien du siècle passé : « Si l'on m'eût nommé sous la ligne ou sous le pole un homme en état de m'éclairer sur quelque point important, j'aurais été sous le pole ou sous la ligne, le sommer de s'ouvrir à moi. »

Rennes, 10 août 1831.

UN ÉMIGRÉ PORTUGAIS.

Post - scriptum.

Comme nous envoyions cet écrit à l'impression, on nous a montré dans l'*Auxiliaire Breton* du 8 courant une lettre de M. *J. S. Ribeiro*. En vérité, il nous est pénible de voir que notre ami, pour *flatter* (*) M. le Rédacteur, et *pour obtenir en faveur de ses compatriotes la bonne opinion d'un peuple libre*, se soit cru obligé d'écrire une lettre où l'on ne retrouve plus l'énergie d'expression que nous lui connaissons. Le choix qu'il a fait des vers de lord *Byron* ne nous paraît nullement heureux. Le noble barde arriva à Lisbonne dans un temps (1809) où tous nos maux étaient attribués aux étrangers, *y compris ceux qui étaient venus nous protéger*. Il paraît qu'il fut insulté en allant au théâtre par un homme de la lie du peuple; de là vient la tirade dont il nous gratifie dans le premier chant de *Childe Harold's Pilgrimage*. Quelle injustice ! Que dirait lord *Byron* si nous voulions juger tous les Anglais d'après les habitans de *St Giles* ou les *hackney-coach-men* de Londres ? En un mot, si M. Ribeiro voulait citer ces vers de *Byron*, il devait en atténuer le mauvais effet, en remarquant que le sauvage *Harold* était optimiste (*few earthly*

(*) Si M. *Ribeiro* ne voulait pas flatter M. le Rédacteur, pourquoi donc appelle-t-il *énergique* la réponse que celui-ci nous a donnée ? Mais non….. ; nous connaissons la rigidité de caractère de notre compatriote, nous connaissons trop son talent pour n'être pas convaincus qu'il a voulu faire une plaisauterie.

(15)

things found favour in his sight), et en ajoutant la
note suivante, où l'illustre poète fait une espèce
d'amende honorable :

« As I found the Portuguese, so I have charac-
» terized them. That they are since improved, at
» least in courage, is evident. »   Byron.

Traduction. — J'ai caractérisé les Portugais tels que
je les ai trouvés; ils ont fait des progrès depuis, du
moins en courage; c'est évident.

* * *

N. B. L'impression de cet écrit a été retardée jusqu'au 17
présent. Ce délai nous fournit l'occasion de dire que nous
venons de recevoir des lettres dignes de foi, où l'on annonce
que plus d'une trentaine de portugais libéraux ont été immolés
dans les rues de Lisbonne, et que deux autres, en demandant
un asile à bord des bâtimens français, ont été impitoyablement
rejetés à terre. Ce fait seul peut répondre à l'interpellation
de l'*Auxiliaire* sur l'intention de l'escadre française.

Rennes, imprimerie de J. M. Vatar.